WECK
COOKING
Sweets

KEIHANSHIN L MAGAZINE SHA

煮沸消毒＆密閉で
いつでもお菓子が楽しめる。

　100年以上もの歴史を持つドイツの保存瓶、WECK。リサイクルガラスを使用したうす緑色のガラス容器で作られた美しい保存瓶は、世界中で広く愛されています。
　WECK社は一般家庭でできる瓶詰め保存食の研究・開発を1世紀以上もの間続けてきました。洗いやすく、匂いがつきにくい。スタッキング（重ねて収納）可能。形・サイズが豊富。蓋やクリップは使い回しOK。耐熱性があり丈夫。見た目の良さだけではなく、誰もが簡単に保存食調理ができるよう、さまざまな工夫がこらされているのです。
　WECKでの煮沸密閉〜調理方法を提案したレシピ『WECK COOKING』第2弾のテーマはスイーツです。4名の料理家に、それぞれテーマの異なるお菓子の作り方を教わりました。焼き型、保存容器、見た目も美しい器として。WECKの特徴を最大限に利用して作るおいしいスイーツを、ぜひお試し下さい。

真空密閉のサイン

煮沸前（真空でない状態）

食物を腐らせずに保存するには、食品に潜む微生物をしっかり煮沸消毒し、瓶の中を完全に真空状態にしなければなりません。

煮沸後（真空状態）

WECKの場合、瓶と蓋の間に挟むゴムパッキンの突起の向きで瓶の状態を確認できます。下向きになれば真空状態になったサインです。

LET'S TRY WECK®!
まずはこれだけそろえよう

WECK

ぽってり型が特徴的な【Deco Shape】ほか様々な形が揃います（→P76）。大家族、一人暮らし、贈り物…用途にあわせてご準備を。

蓋

WECKの蓋は4サイズ。使いまわしできるので便利です。他の保存瓶に比べ洗いやすく、変色しない・匂いがつかないのも特長。

パッキン

真空密閉にかかせないパッキン。ヒビや汚れがないか、使う前にチェックを。ゴムとシリコン製があり、用途に合わせてセレクトを。

ステンレスクリップ

全てのWECKに対応するステンレスクリップ。ひとつの瓶に対しふたつ、互いが対角線状の位置になるように、瓶と蓋を繋ぎとめます。

料理用温度計

料理のおいしさを生かしながら確実に煮沸密封するためには、温度管理がとても重要。雑貨店、家電量販店などで手に入ります。

大きめの鍋

煮沸密封する際、瓶の高さより5cmほど高い水位にする必要があります。使う容器と数を決めたら、大きさに適した鍋を準備しましょう。

グラスリフター

どのサイズの瓶にもぴったり沿い、煮沸前後の瓶をさっと出し入れ。瓶の破損や火傷の心配がぐんと減るWECK社のお役立ちアイテム。

トング

熱湯消毒する蓋やパッキンを出し入れしたり、なにかと重宝するトング。高さのある鍋で煮沸密封する際は長めのものを選びましょう。

安全 & おいしい保存食のために
WECK®の8ステップ

STEP 1

洗浄したWECKを鍋に入れ、水を注ぐ。火にかけて沸騰したら約5分間煮沸する。グラスリフターやトングで取り出し、口を上にしてトレーもしくはふきんの上で冷ます。

※瓶を取り出した後、ゴムパッキンを残りの湯で1分煮沸する（匂いが移らないように）。
※ガラスは急激な温度変化に弱いもの。熱い瓶を冷えた台の上などに直接置かないように！

STEP 2

瓶が熱いうちに、温かい状態の食品をWECKの8分目まで詰める。

※詰める食品の量が多すぎると密閉性が下がる原因になるので注意。
※冷たい食品を入れる際も同様に、瓶が冷めないうちに8分目まで詰める。なるべく瓶の中に雑菌が入らないうちに蓋をすること。

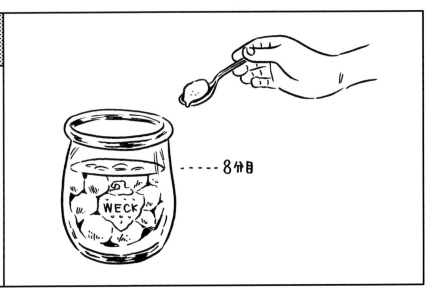

STEP 3

瓶の口とゴムパッキンを清潔な布で拭き、蓋のみぞ部分に沿わせながら、ゴムパッキンを両手でしっかりはめる。

※一度パッキンを蓋にはめ込めば、さかさにしても外れません。

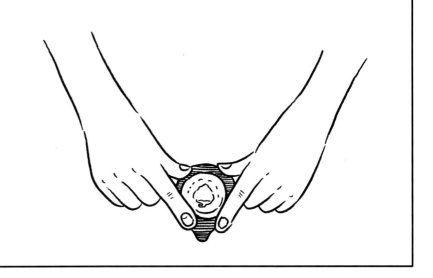

STEP 4

蓋を瓶にのせ、ステンレスクリップを蓋の上部内側にあてる。外側にひっぱりながら瓶のへり部分にカチッと音がするまで下げて固定する。反対側も同様にクリップで留める。

※クリップは対角線上の位置に留める。
※WE-750（→P76）は3点で留めるとより安定する。

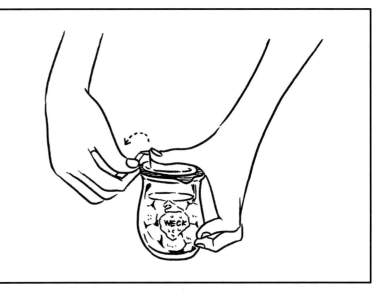

STEP 5

大きな鍋の底にワイヤーラックかふきんを敷き、食品を詰めた瓶を並べ、瓶の上5cmほどが被るようにぬるま湯を注ぐ。料理用温度計をセットして火にかけ、レシピ指定の温度になったら、そのまま煮沸。

※瓶の中身が冷たいものはぬるま湯ではなく水を注ぎます。

STEP 6

指定時間になったらすぐにグラスリフターで鍋から瓶を取り出し、トレー、もしくはふきんの上で冷ます。

※中の食品の色や風味を保ちたい場合は、瓶の粗熱がとれ次第、ぬるま湯、冷水へと段階的に浸し、なるべく早く冷ますようにする。
※取り出すときは、瓶を傾けないように。瓶の上に水分がたまっていても、そのまま冷ますこと。冷めるまでは完全に密閉されておらず、傾けると中身がこぼれます。

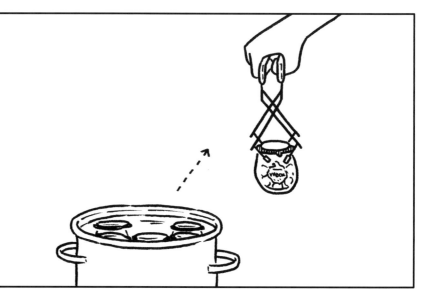

安全＆おいしい保存食のために
WECKの8ステップ

STEP 7

容器が完全に冷めたら、ひとつずつステンレスクリップを外す。パッキンの突起が下向きになっていれば密閉OK。

※容器が確実に密閉されているか確認するため、蓋を軽く持ち上げてみましょう。きちんと密閉されていれば、蓋は開きません。

STEP 8

蓋を開けるときは、飛ばないように蓋の上部をしっかりおさえながら、ゴムパッキンの突起部分を真横にひっぱる。「シュッ」と音がして、初めて瓶の中に空気が入ります。

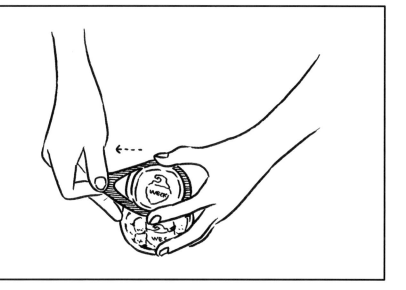

Contents

WECK COOKING *Sweets*
〜まずは確実な煮沸殺菌＆密閉をおぼえよう。

いちごとローズマリージャム …………………………………13

Chapter 01.
冷水希三子さん
〈 果物を使った簡単スイーツ 〉

ホワイトチョコとキウイジャム …………………………………16
グレープフルーツカード …………………………………………17
シトラスタイムコーヒーシロップ ………………………………18
　▶パンケーキ w/ シトラスタイムコーヒーシロップ ……19
パイナップルのスパイスコンポート ……………………………21
　▶パイナップルのアップサイドダウンケーキ …………20
桃のブランマンジェ ………………………………………………24
いちじくのレモングラスゼリー …………………………………25
メロンとバニラのゼリー …………………………………………25

Chapter 02.
中川たまさん
〈 手軽に作れる自然派おやつ 〉

かぼちゃの蒸しプリン ……………………………………………29
バナナとココナッツのクラフティ ………………………………29
レモン蒸しパン ……………………………………………………30
アボカドショコラ …………………………………………………31
キャロットケーキ …………………………………………………33
全粒粉のスコーン …………………………………………………35
メープルチェリーソース …………………………………………35
黒糖ジンジャーナッツケーキ ……………………………………36
ゆずと豆腐のチーズケーキ ………………………………………39
ベリージャム ………………………………………………………40
　▶豆乳バニラシフォンのトライフル ……………………40

chapter 03.
青山有紀さん
〈からだにやさしい和風スイーツ〉

ジンジャーレモンシロップ ……………………………… 44
　▶ジンジャーレモンソーダ ……………………………… 44
抹茶とココナッツミルクのプリン ……………………… 46
黒ごまプリン ……………………………………………… 47
きな粉のクリームブリュレ ……………………………… 49
クリームチーズ入りスイートポテト …………………… 49
黒豆入りブラウニー ……………………………………… 50
ホワイトチョコと白あんのケーキ ……………………… 51
抹茶と豆乳のケーキ ……………………………………… 53
かぼちゃと黒糖のスパイスケーキ ……………………… 54
あんこ・チョコレート・梅酒のケーキ ………………… 57

chapter 04.
久保田由希さん
〈きちんと甘く食べごたえのある正統派の西洋菓子〉

タルティネ ………………………………………………… 60
シュコラ・ショー ………………………………………… 61
キャラメル・ムー（バニラ味）………………………… 62
　▶カスタードプディング ………………………………… 63
マロングラッセ風 ………………………………………… 65
　▶栗のヌガーグラッセ …………………………………… 65
ポム・ア・ラ・ドフィーヌ ……………………………… 66
パン・ド・ジェヌ ………………………………………… 69
オレンジクリーム ………………………………………… 70
　▶ビスキュイとオレンジクリーム ……………………… 70
ボネ ………………………………………………………… 73

> 生地の質感を保つため煮沸時間を短めに設定しているメニューがあります。密閉後はお早めにお召し上がり下さい。

About WECK ……………………………………………… 74
WECKキャニスターリスト ……………………………… 78

RULE 1 WECK使用のルール

◎調理に入る前にP4～P7の「WECKの8ステップ」を必ず読み、その工程に沿って作業して下さい。

◎WECKの耐熱温度差※は80℃です。熱い瓶を直に冷たい場所に置くなどの使用はしないこと。瓶と中身、鍋の水の温度は常に近づけて下さい。冷たいものを入れた瓶は冷たい水で、熱いもの(調理済みの食品)を入れた瓶はそれに近い温度のお湯でセッティングを。加熱はなるべくゆるゆると。

◎煮沸時間と温度(100℃)は必ず守って下さい。どちらも不足すると煮沸密閉の失敗に繋がります。温度が高すぎると瓶が倒れたり、中の食品の状態が変わることがあります。

◎容器、蓋、パッキンのいずれかが破損している場合、容器の中に空気が入る可能性があり、真空状態を作れません。

※耐熱温度差とは、その時のガラスの温度から急加熱・急冷して耐えられる温度差のことです。

RULE 2 保存のルール

◎P4～P7の手順どおりにWECKを煮沸密閉すれば、冷暗所で長期保存が可能です(未開封の状態の場合)。ジャムは常温で半年ほど、焼き菓子などは常温で3カ月ほどが目安。

◎開封前は、蓋を持ち上げてみて開かないこと、パッキンの突起の向きが下向きになっていることを確認しましょう。熱処理不足などの原因で微生物やカビが殺菌しきれていなかった場合、腐敗した食品から臭気が発生して容器内の気圧が外の気圧と同じになり、蓋が自然と押し上げられ開封される仕組みになっています。

※腐りやすい素材を使った料理は特に中身の状態に注意すること。
※プリン、チーズケーキなど冷やしていただくお菓子は、なるべく冷蔵庫で保管を(温度変化を避けるため)。
※容器の煮沸消毒、加熱時間などの手順は必ず守ること。
※果物自体が熟しすぎていた場合などは、煮沸消毒がうまくいっていても保存期間が短くなることがあります。

RULE 3 本書のルール

◎大さじ1は15ml、小さじ1は5mlです。
◎卵は表記がない場合、Mサイズのものを使用しています。
◎砂糖は表記がない場合、上白糖を使用しています。
◎焼き時間は、熱源や機種などによって多少差があります。
　レシピの時間を目安に、様子を見ながら加減してください。
◎焼き温度は、ガスオーブンを基準に設定しています。
　電気オーブンの場合は機種に合わせて調整して下さい。
◎バターは、特に表記のない場合は有塩を使用しています。
◎ハンドミキサーがない場合は、泡立て器を使用して下さい。
◎はちみつは、純粋はちみつを使用しています。

まずは、基本のいちごジャムから。
正しい煮沸密閉＆調理で
LET'S WECK COOKING!

まずはWECKを使って基本の煮沸密閉をしてみましょう。
煮沸の過程が調理にもなるので、短時間でジャムが完成。食感もくずれません。

いちごとローズマリージャム

甘さ控えめ、ハーブの香りが漂う大人のジャム。白ワインなどで割ってもおいしい。

400mℓ（WE-762×2個）

いちご … 500g
A ┌ レモンの皮（みじん切り）… ½個分
　├ レモン汁 … 大さじ2
　└ きび砂糖 … 200g
B ┌ ローズマリー … 2本
　└ シナモンスティック … 1本

POINT
ジャムは弱火でことこと煮るのではなく、強めの中火で勢いよく煮るほうが果物の香りや色をキープできる。

❶いちごは洗ってへたを取り、水気をきる。

❷ホーローかステンレスの鍋に①とAを入れて混ぜ、30分ほどおく。

❸WECKの瓶と蓋、ゴムパッキンを煮沸消毒する（P4～参照）。

❹トングで瓶を取り出し、口を上にしてトレーやふきんの上で冷ます。

❺②を中火にかけ、煮たったらアクを取りながら、勢いよく15分煮る。

❻Bを半量ずつWECKに入れ、⑤を8分目まで入れる。※フチが汚れたら、ふきんで拭くこと。

❼ゴムパッキンを蓋に沿わせ、固定してから蓋を閉じ、両側にステンレスクリップを留める。

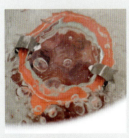
❽鍋にWECKを水平に入れる。ぬるま湯を注いで火にかけ、100℃で15分煮沸する。

❾リフターなどを使い、なるべく水平を保ちながらWECKを取り出す。

❿トレーやふきんにのせて冷まし、冷めたらクリップを外す。

chapter 01. 果物を使った簡単スイーツ

冷水希三子さん

季節のフルーツを使ったジャムやゼリー、コンポートなど、
色鮮やかで見た目にも美しい保存食。

2011年に出版された、WECKを調理器具として紹介した初のレシピ集、『WECK COOKING』のレシピ考案を始め、WECKの販売会なども担当している冷水希三子さん。言わばWECKの使い方を熟知しているベテランです。「WECKは煮沸密閉するだけじゃなく、煮沸しながら調理もできるのが面白い。例えばラタトゥイユは普通に鍋で作るより、WECKで作るほうが食感がしっかりするのに味が浸透して、とってもおいしいんですよ」。

実はお菓子作りは得意ではないという冷水さん。だからこそ今回は、料理の延長感覚でできるような果物を使った簡単スイーツを提案いただきました。冒頭の「いちごとローズマリージャム」をはじめ、なかには、P21のパイナップルのスパイスコンポートのように2ステップでできるものも！「お菓子作りって、一から作ろうと思うと大変だけど、このコンポートがあれば、手間がかかるように見えるアップサイドダウンケーキもあっという間に作れます」。

もともとWECKが生まれたドイツでは、旬の味覚を閉じ込めるための保存食作りが一般的。旬の時期にたくさん採れるフルーツを使った保存食は、まさにWECKの得意とするところです。「ガラス製なので、果物の色とりどりの美しさも活かせます」。保存しながら飾っておけるうえ、前もって作っておけるのもいいところ。お客さまを招いたディナーのデザートにもぴったりです。

お気に入りはWE-976。
おかずの残りものを入れることも。
重ねても安定するのがいい。

PROFILE

料理家。季節の素材の組み合わせを大切にし、おいしさと見た目の美しさを兼ね備えた、五感に響く料理にファンが多い。器選びや盛り付けのセンスにも定評があり、レシピ制作のほかにも、料理のスタイリングやコーディネートの仕事も多い。書籍、雑誌、広告などで活躍中。著書に『スープとパン』（グラフィック社）、『ハーブのサラダ』（アノニマ・スタジオ）など多数。http://kimiko-hiyamizu.com/

ホワイトチョコとキウイジャム

淡いグリーンとアイボリーが二層になった美しい色合いが魅力です。

290ml（WE-760×2個）

A ┬ キウイ（正味）… 200g
　├ 砂糖 … 20g
　└ レモン汁 … 大さじ½
ホワイトチョコレート … 100g
B ┬ 無糖練乳 … 60g
　└ 生クリーム … 10g
C ┬ ドライラベンダー
　│　… 適宜（あれば）
　└ レモンの皮（すりおろす）
　　　… 適宜（あれば）

❶Aをミキサーにかけてから小鍋に入れ、弱めの中火にかける。少しとろっとするまで約5分煮る。
❷WECKに等分に入れ、冷めて少し固まるまでおく。
❸ホワイトチョコレートを細かく刻んでボウルに入れ、湯煎にかけて溶かす。
❹Bを鍋に入れて弱火にかけ、人肌程度に温まったら❸に加え、好みでCを加えて混ぜる。
❺❷の上に❹を等分に、静かに入れる。

PRESERVE
保存する場合は、蓋をして10分煮沸する。

POINT
重いキウイジャムのほうを先に入れると、きれいな二層になる。ドライラベンダー（ハーブティー用のものでOK）を加えると、風味がぐんと華やかに。

グレープフルーツカード

ほんのり苦味のあるグレープフルーツに、爽やかなフェンネルの風味を効かせて。

200ml（WE-902×1個）

無塩バター … 50g
卵 … 1個
A　グレープフルーツの絞り汁
　　　… 100ml
　　きび砂糖 … 40g
　　レモン汁 … 15ml
　　レモンの皮（すりおろす）… ½個分
　　フェンネルシード … 小さじ⅕

❶無塩バターは1cm角に切り、冷やしておく。
❷卵は溶きほぐし、ザルなどで漉す。
❸②とAをホーローかステンレスの鍋に入れ、弱火にかける。常にヘラで混ぜながら、とろみがつくまで5〜6分煮る。
❹③に①を加えて火から下ろし、バターが完全に溶けるまで混ぜる。WECKに等分に入れる。

PRESERVE
保存する場合は、蓋をして10分煮沸する。

POINT
卵の白身はだまになりやすいので、漉すひと手間が大切。油分が分離しやすいので、食べるときにひと混ぜして。ヨーグルトやアイスクリームにもよく合う。

シトラスタイムコーヒーシロップ

ほのかに酸味のあるコーヒー豆と柑橘類は、相性抜群の組み合わせ。

330mℓ（WE-996×1個）

グレープフルーツ(正味) … 100g
オレンジ(正味) … 50g
A ┬ レモンスライス(2mm幅) … 5枚
　├ コーヒー豆 … 大さじ1
　└ タイム … 4〜5本
B ┬ 水 … 80mℓ
　└ 砂糖 … 55g

❶グレープフルーツとオレンジは、食べやすい大きさに切る。
❷WECKに①とAを入れる。
❸鍋にBを入れてひと煮立ちさせ、砂糖が溶けたら②に注ぎ入れる。
❹蓋をして30分煮沸する。

❷ POINT
フレンチトーストやグラノーラを作るときの砂糖代わりに使うと美味。長く保存すると、コーヒー豆にもシロップが染み込み、おいしく味わえる。

▶ ARRANGEMENT

パンケーキ w/ シトラスタイムコーヒーシロップ

見た目も香りも華やかなパンケーキは、おもてなしにもってこい。

2人分(6〜8枚分)

A ┬ 卵 … 1個
　├ きび砂糖 … 大さじ2
　├ 牛乳 … 200mℓ
　└ 油 … 大さじ1

B ┬ (合わせてふるう)
　├ 薄力粉 … 130g
　├ ベーキングパウダー … 6g
　└ 塩 … ひとつまみ

バター … 適量
シトラスタイムコーヒーシロップ … 適量

❶ ボウルにAを順に入れ、よく混ぜる。
❷ Bを加え、だまがなくなるまで泡立て器で混ぜる。
❸ 油(分量外)を薄くひいたフライパンを弱めの中火で熱し、②を流し入れる(12cm径が目安)。
❹ 表面に気泡ができたら裏返し、裏面も1〜2分焼く。
❺ 皿に盛ってバターをのせ、シトラスタイムコーヒーシロップをかける。

POINT
何枚も焼くうちにフライパンが熱くなりすぎるので、焼くごとに濡れぶきんの上に置いて冷ますと、焦げずにきれいな焼き色に。

▶ ARRANGEMENT

パイナップルのアップサイドダウンケーキ

型の底に果物を並べて表に返す、クラシカルなケーキです。

18cm径の厚手鍋1個分

- A
  - 無塩バター … 30g
  - 砂糖 … 60g
- 無塩バター（室温に戻す）… 70g
- 砂糖 … 65g
- サワークリーム（室温に戻す）… 30g
- 卵（室温に戻す）… 1個
- 牛乳（室温に戻す）… 大さじ3
- パイナップルのコンポートのシロップ … 大さじ1
- B（合わせてふるう）
  - 薄力粉 … 130g
  - ベーキングパウダー … 小さじ1
- パイナップルのスパイスコンポート … 適量

❶ オーブンは180℃に予熱する。
❷ オーブン対応の厚手鍋にAを入れ、中火にかける。煮立って茶色に色づいたら、火から下ろして冷ます。
❸ 無塩バターと砂糖をボウルに入れ、泡立て器でふわっとなるまでかき混ぜ、サワークリームを加えてさらに混ぜる。
❹ 卵を溶きほぐし、③に少しずつ加えながら、よく混ぜる。
❺ 牛乳とコンポートのシロップを加えて混ぜ、Bの1/3量を加えて混ぜる。
❻ 残りのBを加え、ゴムべらで切るようにさっくり混ぜる。
❼ コンポートのパイナップルを1cm厚さに切り、②に敷きつめる。⑥を加えて表面を平らにならし、少し真ん中をくぼませて、オーブンで30分焼く。
❽ 粗熱がとれたら、鍋から逆さに取り出す。

❼

POINT

⑧で取り出しにくい場合は、弱火にかけて底のキャラメルを溶かすと、きれいに抜ける。厚手鍋のかわりにケーキ型を使用する場合は別鍋で②のキャラメルを作り、型に流し入れること。

パイナップルのスパイスコンポート

WECKに材料を入れるだけ。手軽にできるのに、複雑な風味に仕上がります。

500㎖（WE-742×1個）

パイナップル … 300g
A ┌ シナモンスティック … 1本
　├ カルダモンシード … 5粒
　├ ドライローリエ … 1枚
　├ 八角 … ½個
　└ クローブ（ホール）… 1本
B ┌ 白ワイン … 60㎖
　├ 水 … 60㎖
　├ 砂糖 … 25g
　└ レモン汁 … 小さじ1

❶ パイナップルはWECKに合わせたサイズにカットする。
❷ ①とAをWECKに入れる。
❸ Bを鍋でひと煮立ちさせてから②に注ぎ入れ、蓋をして30分煮沸する。

POINT

パイナップルは小さくカットすると、火が通りすぎて柔らかくなってしまう。コンポートは生より水分が出ないので、焼き菓子にも利用しやすくなる。

桃のブランマンジェ

みずみずしい桃のシロップ漬けを、クリーミーで濃厚なブランマンジェにのせて。

690㎖（WE-740×3個）

[ブランマンジェ]
板ゼラチン … 3g
生アーモンド … 70g
牛乳 … 300㎖
砂糖 … 25g
生クリーム … 50㎖
キルシュ（またはアマレット）
　　… 大さじ½

[桃のコンポート]
桃 … 1個
A ┌ 水 … 150㎖
　├ 砂糖 … 15g
　└ レモン汁 … 大さじ½

❶ブランマンジェを作る。板ゼラチンは氷水で戻し、水気をきる。生アーモンドは熱湯に浸し、冷めたら皮をむく。
❷牛乳と①のアーモンドをミキサーに15～20秒かけ、鍋に入れてひと煮立ちさせ、蓋をして10分蒸らす。
❸ボウルにさらしをひいたザルを重ね、②を注いで漉す。さらしに溜まったアーモンドは、包んでスプーンなどで押し、さらに汁気を絞る。
❹③の牛乳を鍋に戻し、砂糖を加えて混ぜる。温度が下がっていたら少し温めて60℃にし、①の板ゼラチンを加え、混ぜて溶かす。
❺生クリームとキルシュを加え、氷水にあてて混ぜながら粗熱をとり、WECKに等分に入れて冷蔵庫で冷やし固める。
❻桃のコンポートを作る。Aを鍋に入れてひと煮立ちさせ、皮をむいて7mm厚さに切った桃とむいた皮を合わせて器に入れる。冷めたら冷蔵庫で冷やす。
❼⑤の上に⑥を適量のせる。

❗ POINT
桃をシロップに漬けるとき、むいた皮も一緒に入れると、ピンクに色づく。生アーモンド（製菓材料店などで販売）は、アーモンドプードルでも代用可。

いちじくのレモングラスゼリー

さっぱり味と爽やかな香りは、食後のデザートにもぴったりです。

500mℓ（WE-900×2個）

寒天 … 2g
いちじく … 3〜4個
A ┬ 水 … 300mℓ
　├ レモングラス（生）
　│　　… 1葉（5〜6本）
　└ レモンの皮 … 1/10個分
砂糖 … 30g

❶寒天は水に一晩浸けて戻し、水気を絞って割いておく。
❷鍋にAと①を入れ、中火にかける。煮立ったら、寒天が溶けるまで2〜3分煮る。
❸砂糖を加えて混ぜ、ザルなどで漉す。
❹いちじくは皮をむいて乱切りにし、WECKに入れる。③を注ぎ入れ、粗熱がとれたら、冷蔵庫で冷やし固める。

❕ POINT
いちじくにはたんぱく質分解酵素があり、ゼラチンだと固まりにくいので寒天を使用。固まりにくくなるので、寒天は砂糖を入れる前に溶かすこと。

メロンとバニラのゼリー

味も香りもノーブルな、贅沢なデザート。レモンの酸味で味をきりっと引き締めて。

500mℓ（WE-750×2個）

メロン（皮をむく）… 250g
レモン汁 … 小さじ1/2
板ゼラチン … 4.5g
バニラビーンズ … 10cm分
A ┬ 水 … 100mℓ
　├ 白ワイン … 50mℓ
　└ 砂糖 … 10g
生クリーム … 適量
砂糖 … 少々

❶メロンはワタを取り、5mm角に切ってWECKに等分に入れる。ワタはザルで漉し、果汁とレモン汁を合わせておく。板ゼラチンは氷水で戻し、水気をきる。
❷バニラビーンズは縦に切れ目を入れ、さやから種をしごく。さやと種とAを鍋に入れ、中火にかける。
❸②が煮立って砂糖が溶けたら火を止めて、①の果汁とレモン汁を加える。約80℃に冷めたら①の板ゼラチンを加え、混ぜて溶かす。
❹③を目の細かいザルなどで漉しながら①のWECKに注ぎ入れ、粗熱がとれたら冷蔵庫で冷やし固める。
❺生クリームと砂糖を混ぜ、8分立てに泡立てて、④にのせる。

❕ POINT
ゼラチンを溶かした後に漉すひと手間で、なめらかな口どけに。メロンは種の周りにもおいしい果汁がたっぷりなので、残さず利用して。

chapter 02. 手軽に作れる自然派おやつ

中川たまさん

野菜や植物油、豆乳などを使ったやさしい味は、
毎日でも食べたくなる素朴さが魅力です。

野菜を始め、旬の食材を使ったシンプルな料理を得意とする中川たまさん。作るお菓子も植物性の油や豆乳を使い、毎日食べても飽きないような、やさしい味のレシピばかりです。今までWECKは食材を入れる保存瓶として愛用していただけで、煮沸密閉できることは知らなかったそう。お菓子作りに使ってみたら、予想以上に使いやすく、利点がたくさんありました。「キャロットケーキや蒸しパン、シフォンケーキなどは、粗熱をとってから蓋を閉めて冷ますと、蒸気がまわってしっとり仕上げられます。透明のガラスなので、焼き加減がひと目でわかるのもうれしいですね」。また、「WECKは普通の瓶よりも煮沸密閉のやり方が簡単で、密閉できたかどうかわかりやすいのもいいところ」と中川さん。ジャム瓶を使って保存食を販売することもあるからこそ、感じたことのようです。

今回ご提案いただいたレシピは、野菜や豆腐などの身近にある材料を使い、難しいテクニックいらずで作れるものばかり。思い立ったらすぐ、気軽に作れそうですが、時間があるときに作って保存しておくのもおすすめです。「例えばシフォンケーキは卵1個で簡単に作れますが、保存しておけば、あとはクリームを作るだけで、あっという間に豪華なトライフルができちゃいます」。忙しいときも無理なくお菓子作りを楽しんでほしい、という中川さんの気持ちが伝わってきました。

お気に入りはWE-740。
1人分の型としても使いやすく、
焼きあがった生地を取り出しやすい。

PROFILE

料理家。ご主人と高校1年生の娘と神奈川・逗子で3人暮らし。アパレル勤務後、自然食品店勤務を経て、2004年にケータリングユニット「にぎにぎ」を立ち上げる。2008年から料理家としてソロの活動をスタート。旬の食材を使った料理教室を主宰。著書に『一汁二菜の朝ごはん』(成美堂出版)など多数。
http://tama2006.exblog.jp/

かぼちゃの蒸しプリン

スパイシーなメープルソースが、かぼちゃの自然な甘みを引き立てます。

600㎖（WE-762×3個）

かぼちゃ（正味）… 150g
バニラビーンズ … 1/4本
豆乳 … 200㎖
A ┌ きび砂糖 … 50g
　├ 卵 … 2個
　├ 卵黄 … 1個分
　└ 塩 … ひとつまみ

［メープルソース］
メープルシロップ … 100㎖
シナモンスティック（折る）… 2本
カルダモン（つぶす）… 6個

❶ バニラビーンズは縦に切れ目を入れ、さやから種をしごき、豆乳に入れておく。
❷ かぼちゃはひと口大に切り、蒸気の上がった蒸し器で柔らかくなるまで蒸し、ザルなどで裏漉ししてボウルに入れる。
❸ Aを順に加え、その都度泡立て器でよく混ぜる。さらに①の豆乳を少しずつ加えてよく混ぜる。
❹ ザルなどで漉しながら、WECKに等分に入れる。蒸気の上がった蒸し器に入れ、弱火で20〜25分蒸す。粗熱がとれたら冷蔵庫で冷やす。
❺ メープルソースの材料をすべて器に入れ、3〜4時間おく。④にかけていただく。

POINT
かぼちゃは裏漉しし、さらにプリン液と合わせてから再度漉すことで、なめらかな口当たりに。また、プリンにスが入らないよう、弱火でじっくり蒸すのがコツ。

バナナとココナッツのクラフティ

混ぜるだけと簡単。ココナッツの香りがエキゾチックな、南国の味。

460㎖（WE-740×2個）

A ┌ 卵 … 1個
　└ きび砂糖 … 大さじ1と1/2
B ┌ 薄力粉 … 大さじ1と1/2
　├ ココナッツミルクパウダー
　│　　　… 大さじ1/2
　├ 豆乳 … 200㎖
　└ ラム酒 … 適量
バナナ … 小2本
ココナッツファイン … 大さじ2〜3

❶ オーブンを190℃に予熱する。
❷ ボウルにAを入れ、泡立て器で砂糖が溶けるまですり混ぜる。
❸ Bを順に加え、その都度よく混ぜる。
❹ バナナを3cm長さに切り、WECKに等分に入れる。③をザルなどで漉しながら、注ぎ入れる。
❺ 上にココナッツファインを散らし、オーブンで25〜30分焼く。

POINT
ココナッツファインは、カリカリ、シャキシャキとした歯ごたえを楽しみたいので、生地に混ぜ込まず、上に散らして焦げ目をつける。

レモン蒸しパン

むっちり、もちもちの食感。ほおばると、レモンの香りが爽やかに漂います。

500ml（WE-900×2個）

A ┌ 卵 … 1個
　└ きび砂糖 … 50g
菜種油 … 大さじ1
豆乳 … 60ml
レモンの皮（すりおろす）… 1個分
B （合わせてふるう）
　　薄力粉 … 70g
　　ベーキングパウダー … 小さじ1
　　塩 … ひとつまみ

❶Aをボウルに入れ、白っぽくもったりするまで泡立て器でかるく泡立てる。
❷菜種油、豆乳を順に加え、その都度混ぜる。
❸Bを加え、ゴムべらで大きくのの字をかくように素早く混ぜる。
❹粉気が少し残っている状態でレモンの皮を加え、粉気がなくなるまで混ぜる。
❺WECKに等分に入れ、蒸気の上がった蒸し器に入れ、強火で20〜25分蒸す。

PRESERVE
保存する場合は、粗熱がとれたら蓋をして、30分煮沸する。

POINT
生地は混ぜすぎると小麦粉のグルテンが出るため膨らみづらく、固い仕上がりになってしまう。練らないようにさっくりと混ぜるのがポイント。

アボカドショコラ

バターの代わりにアボカドを加えて、リッチでコクのある味に。

500㎖（WE-750×2個）

ビターチョコレート … 80g
菜種油 … 大さじ1
アボカド … ½個
きび砂糖 … 30g
A ┬ 豆乳 … 大さじ4
  └ ラム酒 … 小さじ1
B （合わせてふるう）
  ┬ 薄力粉 … 40g
  ├ アーモンドプードル … 20g
  ├ ベーキングパウダー … 小さじ1
  └ 塩 … ひとつまみ

❶ オーブンを150℃に予熱する。
❷ ビターチョコレートは細かく刻み、菜種油と合わせてボウルに入れる。湯煎にかけて溶かし、泡立て器で混ぜる。
❸ 別のボウルに、ひと口大に切ったアボカドときび砂糖を入れ、ペースト状になるまで泡立て器でよく混ぜる。
❹ ③にAを順に少しずつ加え、さらに混ぜる。
❺ ④に少しずつ②を加えながら、よく混ぜる。
❻ Bを加え、ゴムべらでさっと混ぜる。
❼ WECKに等分に入れ、湯を張った天板に並べる。湯煎しながらオーブンで30～35分焼く。粗熱がとれたら、冷蔵庫で冷やす。

PRESERVE
保存する場合は、蓋をして30分煮沸する。

POINT
アボカドは、森のバターと呼ばれるほど、不飽和脂肪酸が多い野菜。そのこってりと濃厚な風味を生かして、ガトーショコラに。

キャロットケーキ

しっとりスパイシーなケーキに、チーズクリームをたっぷりのせて。

580㎖（WE-760×4個）

にんじん（大）… 1本
A ┌ 卵 … 1個
　└ きび砂糖 … 30g
B ┌ 菜種油 … 大さじ1と½
　└ 豆乳 … 大さじ2
C （合わせてふるう）
　　薄力粉 … 60g
　　全粒粉 … 20g
　　アーモンドプードル … 20g
　　シナモンパウダー … 小さじ½
　　ベーキングパウダー … 小さじ¼
　　重層 … 小さじ¼
　　塩 … ひとつまみ
レーズン … 30g

［チーズクリーム］
クリームチーズ … 150g
メープルシロップ … 大さじ1

❶ にんじんは粗めのスライサーでおろす。オーブンは170℃に予熱する。
❷ ボウルにAを入れ、泡立て器で白っぽくふんわりとなるまでよく混ぜる。
❸ Bを順に加え、その都度よく混ぜる。
❹ Cを加え、ゴムべらで大きくのの字を書くように素早く混ぜる。粉気が少し残っている状態で、レーズンと①のにんじんを加え、さらに混ぜる。
❺ WECKに等分に入れ、オーブンで20〜25分焼く。型のままおいて、粗熱をとる。
❻ ボウルでチーズクリームの材料をすべて混ぜ合わせ、いただく直前にケーキにのせる。

PRESERVE
キャロットケーキを保存する場合は、蓋をして30分煮沸する。

POINT
にんじんは余計な水分が出ないよう、粗めのスライサーを使う。また、粗熱をとってから蓋をして冷ますと、蒸気がこもってしっとり仕上がる。

全粒粉のスコーン

大きなスコーンは外はかりっと、中はふんわり。ラフに割って、召し上がれ。

500㎖（WE-744×1個）

A ┬ 全粒粉 … 40g
　├ 薄力粉 … 110g
　├ きび砂糖 … 30g
　├ ベーキングパウダー … 大さじ½
　└ 塩 … ひとつまみ
菜種油 … 大さじ2
豆乳 … 70㎖

❶オーブンを200℃に予熱する。
❷ボウルにAを入れ、泡立て器でざっと混ぜる。
❸菜種油をまわしかけ、両手ですり混ぜて、粗いパン粉のような状態にする。
❹豆乳をまわしかけ、手でなじませながらひとまとめにする。
❺WECKに入れ、上からかるく押さえる。
❻オーブンで20〜25分焼く。
❼粗熱がとれたら型から取り出す。

PRESERVE
保存する場合は、蓋をして30分煮沸する。

POINT
油と粉を手ですり混ぜてなじませることで表面はカリッと、豆乳を入れることで中はふんわりと仕上がる。豆乳を入れたあとはこねすぎると、固くなってしまうので要注意。

メープルチェリーソース

全粒粉のスコーンによく合う、鮮やかな色の甘酸っぱいソース。

200㎖（WE-762×1個）

アメリカンチェリー … 300g
赤ワイン … 大さじ2
メープルシロップ … 70㎖
レモン汁 … 1個分
バニラビーンズ … ½本

❶チェリーは半分に切り、種を取る。バニラビーンズは縦に切れ目を入れ、さやから種をこそげ取る。
❷材料をすべて（バニラビーンズのさやも）鍋に入れる。
❸強火にかけ、アクを取りながらとろみがつくまで煮て、WECKに入れる。

PRESERVE
保存する場合は、蓋をして30分煮沸する。

黒糖ジンジャーナッツケーキ

黒糖×しょうがの和風の組み合わせに、ナッツの歯ごたえがアクセント。

600㎖（WE-741×2個）

A ┬ 粉末黒糖 … 40g
　└ 菜種油 … 大さじ2
豆乳 … 70㎖
B （合わせてふるう）
　├ 薄力粉 … 50g
　├ 全粒粉 … 30g
　├ アーモンドプードル … 20g
　├ シナモンパウダー … 小さじ½
　├ ベーキングパウダー … 小さじ1
　└ 塩 … ひとつまみ
C ┬ しょうが（千切り）… 15g
　└ ローストピーカンナッツ
　　　（粗みじん切り）… 40g
ラム酒・粉砂糖 … 各少々

❶ オーブンを170℃に予熱する。
❷ ボウルにAを入れて泡立て器でよく混ぜ、豆乳を少しずつ加えて、さらによく混ぜる。
❸ Bを加え、ゴムべらで大きくのの字を書くように素早く混ぜる。粉気が少し残っている状態で、Cを加え、さっと混ぜる。
❹ WECKに等分に入れ、オーブンで25分焼く。焼き上がったら熱いうちに、ラム酒を刷毛で塗る。冷めたら粉砂糖をふる。

🫙 PRESERVE

保存する場合は、粉砂糖をふる前に蓋をして、30分煮沸する。

💡 POINT

ふんわり仕上げるためには、生地を練らずにさっくりと混ぜること。焼き上がりの熱いうちにラム酒を塗ると、アルコールが飛んで風味だけが残る。

ゆずと豆腐のチーズケーキ

ヘルシーなチーズケーキに、ほのかなゆずの香りを効かせて。

460㎖（WE-740×2個）

A ┌ クリームチーズ（室温に戻す）
　│　　… 150g
　└ きび砂糖 … 50g
クラッカー … 6枚
ゆずジャム … 大さじ3
B ┌ ゆずの皮（すりおろす）… 1個分
　└ ゆずの絞り汁 … 1個分
絹ごし豆腐 … ½丁（150g）
卵（溶きほぐす）… 1個
薄力粉 … 大さじ1

❶オーブンを170℃に予熱する。
❷クラッカーを保存袋に入れ、めん棒で細かく砕く。ゆずジャムを加えて袋の上からもんで混ぜ、WECKに等分に敷き詰める。ラップをのせ、上から手でぎゅっと押す。
❸Aをボウルに入れ、泡立て器ですり混ぜる。
❹別のボウルに絹ごし豆腐を入れ、泡立て器で混ぜてなめらかにする。
❺③に④、卵、Bを順に加え、その都度よく混ぜる。
❻薄力粉をふるい入れ、さらによく混ぜる。
❼WECKに等分に入れ、オーブンで25〜30分焼く。

PRESERVE
保存する場合は、粗熱がとれたら蓋をして、30分煮沸する。

POINT
豆腐は水切りすると豆腐の味が強く出すぎてしまうので、そのまま使うのがよい。ゆずジャムはゆず茶用（韓国食材店などで販売）が手に入りやすい。

豆乳バニラシフォンのトライフル

卵1個でできるシフォンケーキ。ジャムとクリームを合わせればトライフルに！

500㎖（WE-742×1個）

バニラビーンズ … ⅛本
豆乳 … 大さじ1
卵黄 … 1個分
卵白（冷やしておく）… 1個分
きび砂糖 … 20g
薄力粉 … 20g
菜種油 … 小さじ1
ミントの葉 … 適宜（あれば）

[クリーム]
マスカルポーネ … 100g
ヨーグルト … 大さじ5
メープルシロップ … 大さじ1

❶オーブンを160℃に予熱する。バニラビーンズは縦に切れ目を入れ、さやから種をしごき、豆乳に入れておく。
❷ボウルに卵黄を入れて泡立て器でほぐし、きび砂糖の半量（10g）を加え、ざらつきがなくなるまですりまぜる。菜種油と①の豆乳を順に加え、その都度よく混ぜる。
❸薄力粉をふるい入れ、ゴムべらで大きくのの字を書くように素早く、だまがなくなるまで混ぜる。
❹大きめのボウルに卵白を入れ、ハンドミキサーの高速モードで、白っぽくなるまで泡立てる。残りのきび砂糖（10g）を加え、さらに8分立てになるまで泡立ててメレンゲを作る。
❺③に④の⅓量を加え、泡立て器でしっかりとなじむまで混ぜる。残りのメレンゲも2回に分けて加え、その都度ゴムべらで底から持ち上げるように、素早くしっかりと混ぜる。
❻WECKに入れて平らにならし、台に2、3回打ちつけて空気を抜く。
❼オーブンで25〜30分焼き、逆さにして網にのせて冷ます。
❽ボウルにクリームの材料をすべて入れ、なめらかになるまで泡立て器で混ぜる。
❾⑦をWECKから取り出して横3等分に切り、ベリージャムと⑧のクリームを順にWECKに入れる。最後にベリージャムをたっぷりのせ、好みでミントを飾る。

❼

PRESERVE
保存する場合は、蓋をして30分煮沸する。

POINT
8分立てとは、角が少し曲がり、ツヤが出た状態。クリームはいただく直前に作ること。

ベリージャム

酸味と甘みのバランスが絶妙！ クリームなどの乳製品と相性抜群です。

250㎖（WE-900×1個）

好みのベリー … 200g
きび砂糖 … 60g
ホワイトバルサミコ酢
　… 大さじ1と½
ローズマリー … 2本

❶ベリーは、大きいものは食べやすい大きさに切る。
❷鍋にすべての材料を入れ、砂糖が溶けるまでおく。
❸強火にかけ、アクを取りながら煮る。約⅔量になり、とろみとツヤが出てきたら火を止め、WECKに入れる。

PRESERVE
保存する場合は、蓋をして30分煮沸する。

POINT
ベリーは、いちごやブルーベリー、ラズベリーなど、数種類を混ぜると、色合いも味も奥行きが出る。ホワイトバルサミコ酢は白ワインビネガーでもOK。

chapter 03. からだにやさしい和風スイーツ

青山有紀さん

小豆や抹茶を使って現代風に仕上げたお菓子は、からだも心も癒してくれます。

韓国料理と京料理の両方をルーツとする料理を作っている青山さん。さらに薬膳についても学んだという経験も生かされた料理は、おいしくて、かつからだにやさしいと大評判！ 現在は、「青家」というレストランにて提供しています。そしてレストランの隣には、おもたせのお店「青家のとなり」を併設。そんな青山さんにとって、お菓子をさりげなく差し上げることは、日常の心遣いのひとつなのです。「お菓子を作るのは楽しいし、せっかく作ったならお友だちにも食べてもらいたい。WECKを使えば保存しておけるから、いつでもプレゼントできるのがいいですよね。WECKなら、もらった人も自宅で再利用できて一石二鳥だし」。

「青家のとなり」で販売しているお菓子は、抹茶やきな粉を使用した京風の甘味。今回も甘納豆や黒豆のような和の食材を活かしたお菓子をたくさん考えてくださいました。「あんこやきな粉など日本古来の食材は、実はチョコレートや生クリームとも相性がいいものがたくさんあるんです」。

また、青山さんは白砂糖をいっさい使わないようにしているそう。「白砂糖は上品な甘さがありますが、摂りすぎるとむくみやすくなったり、体を冷やしたりします。私は身体を温め、コクがあって少量でも満足できる黒糖やきび砂糖、和三盆、はちみつを愛用しています」。

疲れているときもするっと食べられるような、穏やかな味のお菓子の数々は、すぐにでも作りたくなること請け合いです。

お気に入りはWE-080。
作りやすく食べやすい分量で、
料理の薬味やディップ入れにも重宝。

PROFILE

国立北京中医薬大学日本校を卒業し、2010年には国際中医薬膳師資格を取得。2005年、中目黒に昼はカフェ、夜は会員制のおばんざいの店「青家」をオープン。2010年、京甘味とおもたせの店「青家のとなり」を併設。テレビ、雑誌、書籍、企業の商品開発、メニュー提案など、幅広く活躍中。著書に『新版 薬膳で楽しむ毒出しごはん』（マイナビ）など多数。http://www.aoya-nakameguro.com/blog/

ジンジャーレモンシロップ

こしょうやカルダモンの風味を効かせて大人っぽく。炭酸水やお湯で割って。

680㎖（WE-975×2個）

しょうが … 300g
レモン … 2個
きび砂糖 … 300g
水 … 500㎖
黒こしょう（粒）… 小さじ1
カルダモンシード … 6粒

❶ しょうがは土や黒いところを包丁でこそげとり、薄切りにする。レモンは洗って輪切りにする。
❷ ①のしょうがを鍋に入れ、きび砂糖を加えて混ぜ、しょうがから水分が出るまで20分ほどおき、水を注ぐ。
❸ カルダモンをかるく叩き割り、黒こしょうと合わせてお茶袋やガーゼに包んで②に加え、中火にかける。
❹ 煮立ったら弱火にし、くつくつと15分煮たらレモンを加え、さらに5分煮てから、レモンを取り出す。
❺ 鍋のまま、完全に冷めるまでおく。ザルなどで漉してWECKに等分に入れる。

❷ POINT

レモンとしょうがは皮ごと使うので、無農薬のものがおすすめ。漉した後は冷蔵庫で保存し、そのまま食べたり、紅茶やハーブティーに入れたりと活用できる。辛めがお好みなら、割る前にしょうがのすりおろしを加えて。

▶ ARRANGEMENT

ジンジャーレモンソーダ

加えるフルーツによって、季節ごとのさまざまなアレンジが楽しめます。

1人分

ジンジャーレモンシロップ
　　… 大さじ2～3
ジンジャーレモンシロップの具 … 適量
好みの果物（キウイ、ブルーベリーなど）
　　… 適量
炭酸水（無糖）… 約150㎖
ミント … 適宜（あれば）

❶ グラスに、氷とジンジャーレモンシロップの具、好みの果物を入れる。
❷ ジンジャーレモンシロップを注いでから、炭酸水を静かに加え、好みでミントを飾る。

抹茶とココナッツミルクのプリン

そのまま食べても、あんみつ風にアレンジしてもおいしい。

560㎖（WE-976×4個）

- A ─ 粉ゼラチン … 4g
  └ 水 … 大さじ1
- B ─ 抹茶 … 大さじ1
  └ きび砂糖 … 大さじ1と⅓
- 牛乳 … 170㎖
- ココナッツミルク … 70㎖

❶Aを小さな容器に入れて混ぜ、なじませる。
❷Bに牛乳大さじ2杯を少しずつ加えながら、抹茶のだまがなくなるまで混ぜる。
❸鍋に②とココナッツミルク、残りの牛乳を入れて中火にかけ、鍋肌がふつふつ煮立ったら火を止める。
❹①を加えてよく溶かし、もう一度火にかけ、鍋肌がかるく煮立ったら火から下ろす。
❺ザルなどで漉してボウルに移し、氷水にあててゴムべらで混ぜながら冷ます。
❻少しとろみが出てきたらWECKに等分に入れ、冷蔵庫で1時間以上冷やし固める。
❼好みで、あん、白玉、フルーツなどをのせていただく。黒蜜をかけてもおいしい。

❷ POINT
ココナッツミルクはさらりとしたタイプのものを。牛乳と分離しやすいので、氷水にあてて混ぜながらとろみがつくまで冷まし、冷蔵庫へ。

黒ごまプリン

ふるふる、とろける柔らかさが絶妙!
デザートとしても和洋中を選ばない万能選手。

600㎖（WE-761×5個）

A ┌ 粉ゼラチン … 5g
  └ 水 … 大さじ1
B ┌ 黒ごまペースト … 60g
  └ きび砂糖 … 50g
牛乳 … 450㎖
生クリーム … 70㎖

❶Aを小さな容器に入れて混ぜ、なじませる。
❷鍋にBを入れ、牛乳を少しずつ加えてゴムべらでつぶすように混ぜながら、黒ごまペーストを溶かす。
❸中火にかけ、鍋肌がふつふつ煮立ったら火を止める。
❹①を加えてよく溶かし、もう一度火にかけ、鍋肌がかるく煮立ったら火から下ろす。
❺ボウルに移し、氷水にあててゴムべらで混ぜながら冷ます。粗熱がとれたら、生クリームを加えて混ぜる。
❻少しとろみが出てきたら（黒ごまが沈まなくなったら）WECKに等分に入れ、冷蔵庫で1時間以上冷やし固める。

POINT
氷水にあてて混ぜながらとろみがつくまで冷ましてから冷やし固めると、黒ごまが底に沈まず均等になる。生クリームは好みの脂肪分のものでOK。

きな粉のクリームブリュレ

表面のカリッとした焦がしキャラメルが、ほっこり素朴なカスタードによく合います。

560㎖（WE-976×4個）

卵黄 … 2個分
きび砂糖 … 30g
きな粉 … 30g
A ┌ 生クリーム … 150㎖
　└ 牛乳 … 70㎖
きび砂糖（キャラメリゼ用）
　… 適量

❶オーブンを160℃に予熱する。
❷ボウルに卵黄を入れ、泡立て器でほぐしてからきび砂糖を加え、白っぽくもったりするまでよく混ぜる。
❸きな粉を加え、さらに混ぜる。
❹Aを鍋に入れて中火にかけ、鍋肌がふつふつ煮立ってきたら火から下ろす。
❺③に④を少しずつ加えながら、泡立て器でだまをつぶすように混ぜる。泡立てないように注意。
❻WECKに等分に入れる。
❼⑥を中身と同じ高さまで湯を張った天板に並べ、湯煎しながらオーブンで25分焼く。粗熱がとれたら、冷蔵庫で冷やす。
❽食べる直前に表面にきび砂糖を薄く敷き、バーナーで炙る。バーナーがなければ、スプーンの背をガス火でよく熱したものをあてて、焦げ目を付ける。

PRESERVE
保存する場合は、蓋をして30分煮沸する。

POINT
湯煎して蒸し焼きにすることで、なめらかな口当たりに。表面のキャラメルは強めに焦げ目をつけると、バリッとした食感と苦味がアクセントになる。

クリームチーズ入りスイートポテト

ひたすら混ぜるだけなのに、ふんわりなめらかな口当たり。黒ごまがアクセント。

640㎖（WE-080×8個）

さつまいも（正味）… 100g
A ┌ はちみつ … 30g
　└ きび砂糖 … 20g
卵（L/室温に戻す）… 1個
B ┌ クリームチーズ
　│　（室温に戻す）… 60g
　└ 生クリーム … 40g
C （よく混ぜる）
　┌ 卵黄 … 大さじ1
　└ はちみつ … 小さじ2
黒ごま … 適量

❶オーブンは170℃に予熱する。
❷さつまいもはしっかり柔らかくなるまで蒸し、つぶしてAと混ぜ合わせる。ザルなどで裏漉しし、ボウルに入れる。
❸卵を溶きほぐし、Bと合わせて②に加え、ゴムべらでよく混ぜる。
❹WECKに等分に入れ、スプーンなどでCを上面に塗り、黒ごまをふる。
❺オーブンで15分ほど焼く。

PRESERVE
保存する場合は、粗熱がとれたら蓋をして、30分煮沸する。

POINT
焼きたてのふわふわが最高においしい。煮沸密閉保存したものはよく冷やして食べると、また違う味わいが楽しめる。

黒豆入りブラウニー

ねっとり濃厚なブラウニーに、和風の黒豆煮がよく合います。

480㎖（WE-080×6個）

チョコレート … 50g
A ┬ 無塩バター … 60g
　└ きび砂糖 … 50g
卵（室温に戻す）… 1個
B ─（合わせてふるう）
　├ 薄力粉 … 20g
　└ ココアパウダー … 10g
くるみ（ローストしたもの）
　… 15g
黒豆煮 … 12粒
ポピーシード … 適宜（あれば）

❶ オーブンを160℃に予熱する。
❷ チョコレートは細かく刻み、Aと合わせてボウルに入れる。湯煎にかけて溶かし、ゴムべらで混ぜる。
❸ 卵を溶きほぐし、②に加えながら、さらに混ぜる。
❹ Bを加え、さらに混ぜる。まだ粉気がある状態で、粗く砕いたくるみも加え、混ぜる。
❺ WECKに等分に入れ、黒豆煮をのせ、好みでポピーシードを散らす。
❻ オーブンで15 ～ 20分焼く。

🥫 PRESERVE
保存する場合は、粗熱がとれたら蓋をして、20分煮沸する。

💡 POINT
WECKに入れるときに生地が側面についてしまいがちなので、焼く前に拭き取っておくと仕上がりがきれい。

ホワイトチョコと白あんのケーキ

羊羹のような、むっちりしっとりとした食感がユニーク！

750㎖（WE-750×3個）

ホワイトチョコレート … 60g
A ┬ 白あん … 190g
  └ 無塩バター … 40g
生クリーム（室温に戻す）
　… 90㎖
卵（室温に戻す）… 1個
薄力粉（ふるう）… 40g
甘納豆 … 100g

❶型にバター（分量外）を薄く塗る。オーブンを170℃に予熱する。
❷ホワイトチョコレートは細かく刻み、Aと合わせてボウルに入れる。湯煎にかけて溶かし、泡立て器で混ぜ、生クリームを加えてさらに混ぜる。
❸卵を溶きほぐし、②に加えながらさらに混ぜる。
❹薄力粉を加えて混ぜ、全体がなじむまで混ぜる。
❺WECKに甘納豆を等分に敷き、④を流し入れる。手の平で底を叩き、空気を抜く。
❻オーブンで25〜30分焼く。粗熱がとれたら冷蔵庫で保存する。

🫙 PRESERVE
保存する場合は、蓋をして30分煮沸する。

❶ POINT
冷蔵庫で保存し、いただくときは室温に戻して。側面にぐるりと一周、ナイフなどの刃を入れたあと、WECKごとぬるめの湯煎にかけるときれいに抜ける。

抹茶と豆乳のケーキ

しっとりふんわり、シフォンケーキのような仕上がりです。

600㎖（WE-761×5個）

無塩バター（室温に戻す）… 60g
きび砂糖 … 55g
塩 … 1g
卵（室温に戻す）… 1個
豆乳（室温に戻す）… 50㎖
アーモンドプードル … 10g
A（合わせてふるう）
　薄力粉 … 40g
　ベーキングパウダー … 2g
　抹茶 … 12g
黒豆煮 … 5粒（あれば）

❶オーブンを170℃に予熱する。
❷ボウルに無塩バターを入れ、ハンドミキサーでひと混ぜしてから、きび砂糖、塩を加え、白くもったりするまで混ぜる。
❸卵を溶きほぐし、②に3回に分けて加え、その都度よく混ぜる。
❹豆乳を少しずつ加えながら混ぜ、アーモンドプードルを加えてさらに混ぜる。
❺Aを加え、ゴムべらでさっくりと混ぜる。
❻WECKに生地を等分に入れ、手のひらで底を叩き、空気を抜く。好みで黒豆煮を飾る。
❼オーブンで20分焼く。

PRESERVE
保存する場合は、粗熱がとれたら蓋をして、30分煮沸する。

POINT
製菓用でもよいが、できればお薄用の上質な抹茶を使うと、色も味も格段とよくなる。泡立てた生クリームなどを添えても美味。

かぼちゃと黒糖のスパイスケーキ

ふわっと軽く、素朴な味わい。自然な甘みとスパイスがどこか懐かしい雰囲気です。

750㎖（WE-750×3個）

かぼちゃ（種・ワタ・皮をのぞく）
　… 100g
A ┬ かぼちゃの皮 … 適量（むいた分）
　├ きび砂糖 … 15g
　├ 塩 … 少々
　└ 水 … 50㎖
B ┬ ラム酒 … 小さじ1
　└ 豆乳 … 大さじ1
無塩バター（室温に戻す）… 55g
黒糖 … 30g
卵（室温に戻す）… 1個
豆乳（室温に戻す）… 大さじ2
C（合わせてふるう）
　├ 薄力粉 … 50g
　├ アーモンドプードル … 10g
　├ ベーキングパウダー … 2g
　├ フェンネルパウダー … 小さじ½
　└ シナモンパウダー … 小さじ½
アーモンド（粗く刻む）… 15g

❶ オーブンは170℃に予熱する。
❷ かぼちゃは小さめに切り、Aと一緒に小鍋に入れ、蓋をして弱火にかけ、蒸し煮にする。しっかり柔らかくなったらかぼちゃの皮を取り出し、麺棒などでつぶしてBを混ぜる。取り出したかぼちゃの皮は千切りにしておく。
❸ ボウルに無塩バターを入れてハンドミキサーでほぐし、黒糖を加え、ふわっとするまで混ぜる。
❹ 卵を溶きほぐし、③に3回に分けて加え、その都度混ぜる。さらに豆乳を少しずつ加えながら混ぜる。
❺ Cを加え、ゴムべらでさっくり混ぜる。アーモンドの半量も加え、さっくりと混ぜる。
❻ WECKに等分に入れ、上に②のかぼちゃをのせ、箸などでマーブルになるように混ぜる。
❼ 表面に②の皮と残りのアーモンドをのせ、オーブンで20〜25分焼く。

❻

🝳 PRESERVE
保存する場合は、粗熱がとれたら蓋をして、30分煮沸する。

❼ POINT
味にメリハリをつけるために、かぼちゃは完全になじませず、マーブル状態になるように表面をかるく混ぜるのがコツ。

あんこ・チョコレート・梅酒のケーキ

焼きたてに、甘酸っぱい梅酒を染み込ませてしっとりとした風合いに。

420㎖（WE-976×3個）

A ┌ 粒あん … 80g
　└ チョコレート … 30g
卵黄 … 1個分
B ┌ 卵白（冷やしておく）… 1個分
　└ きび砂糖 … 5g
アーモンドプードル … 12g
生クリーム … 小さじ2
C（合わせてふるう）
　┌ 薄力粉 … 8g
　└ ココアパウダー … 3g
梅酒 … 大さじ2
梅の実（種は除く）… 2粒

❶ オーブンを160℃に予熱する。
❷ Aをボウルに入れ、湯煎にかけて人肌程度に温め、チョコレートを溶かす。湯煎にかけたままにしておく。
❸ 卵黄を別のボウルに入れ、ハンドミキサーで白っぽくもったりするまで混ぜる。
❹ Bを別のボウルに入れ、ハンドミキサーで角が立つまで泡立てる。
❺ ②を湯煎から外し、アーモンドプードルを加え、ゴムべらで全体を混ぜる。生クリームを加え、さらに混ぜる。
❻ ③に⑤を加え、ゴムべらでよく混ぜる。Cを加え、さっくりと混ぜる。
❼ ④を加え、泡をつぶさないよう、さっくりと混ぜる。
❽ WECKに等分に入れ、1㎝角に刻んだ梅の実を上に散らす。
❾ オーブンで約30分焼き、焼き上がったらすぐに梅酒を刷毛で塗り、浸み込ませる。

🏺 PRESERVE
保存する場合は、粗熱がとれたら蓋をして、30分煮沸する。

☕ POINT
冷蔵で保存すること。いただく際は冷たいままでもおいしいけれど、室温に戻すと、より香りや風味が感じられるように。

chapter 04. きちんと甘く食べごたえのある
正統派の西洋菓子

久保田由希さん

フランスやイタリアなど、ヨーロッパで愛されてきた、クラシカルなお菓子をWECKで作ります。

パリの由緒正しい製菓学校で学んだ久保田由希さん。現在も時間を作ってはフランスやイタリアの地方へ旅に出かけ、パリの華やかなお菓子のルーツとなっている郷土菓子について研究しています。そんな久保田さんにとって、WECKをお菓子の型として使うことはごく普通のことだったそう。「お菓子を作るときは専用の型が必要だと思い込んでいる人って多いけれど、意外とどんな型でも作れるんです。ヨーロッパの焼型には、昔から陶器のものもたくさんありますし」と久保田さん。ガラス製のWECKは一般的なアルミの焼き型と違って、洗いやすく、匂いがつかず、さびないのも長所です。熱伝導がゆっくりなので、特にプリンには最適。

研究熱心な久保田さんだけに、WECKの持ち味である煮沸調理を生かしたレシピについても、いろいろなアイデアを出していただきました。その一つが、P65の「マロングラッセ風」。「マロングラッセは本来は糖度が上がるまで、何日もかけてシロップを煮詰めていくという手間のかかるお菓子ですが、煮沸調理を利用したら手軽にシロップを栗に浸透させることができました」。

完成したのは、伝統的なものよりも軽やかな味のマロングラッセ風。奇をてらわず、あくまで正統派のお菓子。基本を熟知しているからこそ生み出された現代のお菓子には、久保田さんにしか生み出せない魅力にあふれています。

お気に入りはWE 750。
口が広く高さが低いので、
お菓子の型としてイメージしやすい。
サイズも手頃。

PROFILE
製菓教室「LE CAFE DE BONBON」主宰。家具やキッチンのデザイン業を経て、ル・コルドン・ブルー東京校／パリ校にて製菓を学ぶ。帰国後、都内のカフェでメニュー企画や製造などの仕事を経て、2003年独立。2006年、東京・代々木上原にカフェ併設の製菓教室をオープン。著書に『LE CAFE DE BONBONの焼き菓子』(主婦と生活社)がある。
www.bonbon.cc

タルティネ

チョコレートベースのねっとり濃厚なペーストです。パンやクラッカーにつけて。

200ml（WE-902×1個）

- ミルクチョコレート … 50g
- カカオマス … 30g
- ヘーゼルナッツプラリネペースト … 125g
- オリーブオイル … 10ml
- ヘーゼルナッツプラリネ（砕く） … 50g

❶ ボウルにミルクチョコレートとカカオマスを入れ、湯煎にかけてチョコレートを溶かす。
❷ プラリネペーストを少しずつ加えながら、泡立て器でムラなく混ぜる。
❸ オリーブオイルを加え、よく混ぜる。
❹ フードプロセッサーに入れ、プラリネを加えて撹拌し、WECKに入れる。
❺ 好みで砕いたプラリネ（分量外）をのせる。

PRESERVE
保存する場合は、蓋をして5分煮沸する。

POINT
タルティネは、ナッツ主体のペーストにカカオバターなどを加えたもの。プラリネの味を引き立てるには、イタリア、ドモリ社のモロゴロミルクというチョコレートがおすすめ。

［ヘーゼルナッツプラリネの作り方］鍋で水40gとグラニュー糖100gを115℃まで煮詰め、ヘーゼルナッツ250gを加えて炒る。ナッツに白い砂糖がついてきたら、キャラメル色に溶けるまでゆっくり炒る。熱々のうちにバットに空けて広げ、乾いたら粗く砕く。

シュコラ・ショー

フランスのカフェで出てくるような、本格的なホットチョコレートドリンク。

180㎖（WE-995×1個）

クーベルチュール・ビターチョコレート
　… 60g
牛乳 … 200㎖
無塩バター … 5g
生クリーム … 50㎖

❶チョコレートを細かく刻み、ボウルに入れる。
❷牛乳を沸騰直前まで温め、①に少しずつ加えながら混ぜ、チョコレートを溶かす。
❸無塩バターを加え、溶けるまで混ぜる。
❹生クリームを人肌程度まで温めて、③に加えて混ぜる。
❺WECKに入れ、冷めたら冷蔵庫で保存する。いただく際は常温に戻してから電子レンジで温めるか、小鍋に入れて弱火にかける。

PRESERVE
保存する場合は、蓋をして5分煮沸する。

POINT
カカオ60%以上、乳脂肪分の入っていないビターチョコレートを使って。特におすすめなのは、チョコレート本来の苦味が感じられるヴァローナの70%グアナラ。

キャラメル・ムー（バニラ味）

ムーとは柔らかいという意味。そのまま食べたり、パンに塗ったり。

150ml（WE-755×3個）

生クリーム … 150ml
バニラビーンズ … 1/4本
グラニュー糖 … 25g＋100g
水飴 … 40g
無塩バター（室温に戻す） … 10g

❶ バニラビーンズは縦に切れ目を入れ、さやから種をしごき、さやごと鍋に入れる。生クリームを加えて10分おき、香りを移しておく。
❷ ①を中火にかけ、かるく煮立たせる。
❸ 別の小鍋にグラニュー糖（25g）を入れて強めの中火にかけ、苦味が出るようにしっかりと焦がす。
❹ ②を③に50mlほど加え、木べらでよく混ぜる。残りの生クリームを3回に分けて加え、その都度よく混ぜる（バニラビーンズのさやは取り除く）。
❺ 残りのグラニュー糖を一度に加えて、よく混ぜる。水飴も加え、さらに混ぜる。
❻ ときどきかき混ぜながら、114℃になるまで煮詰めたら、濡れぶきんの上に置き、ブクブクの状態を抑える。
❼ 無塩バターを加え、全体にツヤが出るまで混ぜる。
❽ WECKに等分に入れ、粗熱をとる。

▶ PRESERVE
保存する場合は、蓋をして10分煮沸する。

POINT
グラニュー糖は強めに焦がすほうが苦味がきいておいしい。最初に水を大さじ1加えると、時間はかかるが、ムラなく火が通るので失敗しない。

▶ ARRANGEMENT
フランボワーズ味（写真上）もできる。水飴を半量で同様に作り、⑦でバターを加えた後に、温めたフランボワーズピュレ75gを加えて混ぜる。再び中火にかけ、114℃になるまで煮詰める。あとは同様に。

カスタードプディング

キャラメル・ムーを生地に混ぜ込んで作るキャラメル味のプリン。

500mℓ（WE-750×2個）

A ─ 牛乳 … 200mℓ
  ─ 生クリーム … 40mℓ
バニラビーンズ … 1/2本
キャラメル・ムー（バニラ味）
  … 30g（1/2瓶分）
B ─ 卵 … 1と1/2個
  ─ 卵黄 … 1個分
  ─ グラニュー糖 … 25g
グラニュー糖（底のキャラメル用）
  … 80g

❶ オーブンを160℃に予熱する。
❷ グラニュー糖（底のキャラメル用）を小鍋に入れ、中火にかけて苦味のきいたキャラメルを作る。WECKの底に等分に流し入れ、冷ます。
❸ バニラビーンズは縦に切れ目を入れ、さやから種をしごき、さやとAを鍋に入れ、中火で温めておく。キャラメル・ムーを加え、かき混ぜながらキャラメルを溶かす。
❹ 別のボウルにBと❸のバニラビーンズの種を入れて、混ぜる。
❺ ❸を❹に少しずつ加えて混ぜ、目の細かいザルなどで漉す。
❻ ❺を❷に等分に注ぎ入れ、湯を張った天板に並べる。湯煎しながらオーブンで約30分焼く。粗熱がとれたら冷蔵庫でよく冷やす。

PRESERVE
保存する場合は、蓋をして5分煮沸する。

POINT
煮沸調理でゆっくり火を通すことで、すの入らないなめらかなプリンになる。周囲にぐるりとナイフを入れて皿の上に裏返し、強く振るときれいに抜ける。

マロングラッセ風

手間のかかるマロングラッセも煮沸調理なら簡単に作れます。

340㎖（WE-975×1個）

むき栗（天津甘栗）… 150g
A ┌ グラニュー糖 … 100g
　 └ 水 … 100㎖
バニラビーンズ … 1本
ラム酒 … 大さじ2

❶ Aを鍋に入れて中火にかけ、グラニュー糖を溶かす。
❷ WECKに①とむき栗を入れ、バニラビーンズに縦に切れ目を入れて加え、蓋をして10分煮沸する。室温になるまで冷ます。
❸ ②のシロップのみを鍋に移して強火にかけ、2〜3分煮立たせる。火を止めたらラム酒を加え、再びWECKに入れる。
❹ 蓋をして10分煮沸する。室温になるまで冷ます。
❺ ③④の作業を2〜3回繰り返す（ラム酒を加える作業を除く）。

🥘 PRESERVE
保存する場合は、蓋をして10分煮沸する。

❓ POINT
栗にシロップが浸透して甘くなれば完成。本来のマロングラッセより、あっさりとした甘さで食べやすい。好みで、ラム酒にトンカ豆を漬けて香りを移したものを使うとより美味。

▶ ARRANGEMENT

栗のヌガーグラッセ

卵黄を使わないので口どけがかるく、ヌガーの食感も香ばしさも楽しめます。

480㎖（WE-761×4個）

はちみつ … 80g
卵白 … 1と½個分
A ┌ 生クリーム（42%）… 260㎖
　 └ グラニュー糖 … 30g
B ┌ （粗く刻む）
　 │ マロングラッセ風 … 50g
　 └ ヘーゼルナッツプラリネ
　　　　　　… 50g（※P60参照）
ラムレーズン … 30g

❶ 小鍋にはちみつを入れ、114℃まで煮詰めたら火からおろす。
❷ ボウルに卵白を入れ、①を糸のように垂らし加えながら、もったりとツヤが出るまでハンドミキサーで泡立てる。
❸ 別のボウルにAを入れ、氷水にあてながらハンドミキサーで8分立てに泡立てる。
❹ ②を2回に分けて加えて混ぜ、さらにBとラムレーズンを加え、ふんわりと混ぜる。
❺ WECKに等分に入れ、冷凍庫で3時間以上、冷やし固める。

❓ POINT
はちみつを加えて固く泡立てた②を、イタリアンメレンゲと言う。これに生クリームとヌガーを合わせて、冷やし固めた（＝グラッセ）お菓子。はちみつは、グラニュー糖80gと水20gを煮詰めたシロップでも代用可。

ポム・ア・ラ・ドフィーヌ

じゃがいものピュレとシュー生地を合わせた、ふわっと軽い食感。焼きたてが最高です。

600㎖（WE-762×3個）

- A ─ 無塩バター（冷やしておく）… 25g
  - 冷水 … 87.5g
  - 塩 … 1g
  - グラニュー糖 … 1.5g
- B ─（合わせてふるう）
  - 薄力粉 … 25g
  - 強力粉 … 12.5g
- 卵（L）… 1個
- マッシュポテト（茹でて潰したじゃがいも）… 130g
- 塩 … 小さじ1
- 黒こしょう・チーズ … 各適宜（あれば）

❶ オーブンは190℃に予熱する。
❷ 鍋にAを入れて中火にかける。全体が煮立ったら、Bを一度に加えて火を止め、木べらで一気にかき混ぜる。
❸ 生地がひとつにまとまり、ツヤが出たら、冷たいボウルに移す。
❹ 卵を溶きほぐし、3〜4回に分けて加え、その都度混ぜて生地の固さを調節する（木べらですくい落とし、なめらかな逆三角形になるくらいに）。
❺ マッシュポテトを加え、混ぜる。
❻ WECKの内側に溶かした無塩バター（分量外）を刷毛で塗り、約半分の高さまで⑤を等分に入れる。表面に塩と、好みで黒こしょうをふり、チーズをのせる。
❼ オーブンで約35分焼く。

🥣 PRESERVE
保存する場合は、蓋をして5分煮沸する。

ⓘ POINT
じゃがいもを8割使った食事のようなおやつ。肉料理の付け合わせとしてもおすすめ。名前は、ジャガイモのドフィーヌ（王太子妃）風という意味と言われている。

パン・ド・ジェヌ

上質なマジパンを使った、コクのあるしっとりケーキ。

250㎖（WE-750×1個）

ローマジパン … 75g
卵 … 75g
無塩バター（溶かす）… 30g
ラム酒 … 小さじ1
A（合わせてふるう）
　薄力粉 … 7g
　コーンスターチ … 7g
アーモンドスライス … 適量

[グラス・ア・ロー]
粉糖 … 100g
水 … 20g

❶ WECKの内側に溶かした無塩バター（分量外）を刷毛で塗り、アーモンドスライスを内側全体に貼り付けて、冷蔵庫で冷やしておく。グラス・ア・ローの材料を混ぜ合わせる。オーブンを170℃に予熱する。
❷ ボウルにローマジパンを入れる。卵を溶きほぐし、少しずつ加えながら、ハンドミキサーで混ぜる。だまのないもったりとした状態にするには、湯煎にかけて生地を少し温め、空気を入れるとよい。
❸ 無塩バターを加えて混ぜ、ラム酒を加えてさらに混ぜる。
❹ Aを加え、ゴムべらで生地のきめをつぶさないよう、手早く混ぜる。
❺ WECKに9分目まで入れる。
❻ オーブンで20分焼く。焼き上がったらすぐに生地を取り出し、①のグラス・ア・ローを全体にかけて乾かす。

PRESERVE
保存する場合は、グラス・ア・ローをかけない状態で蓋をして、5分煮沸する。

POINT
ローマジパンはドイツ製のものが断然おすすめ。使われているアーモンドの香りと苦味が国産のものとは格段に違うので、本格的な味わいになる。

ビスキュイとオレンジクリーム

ふわふわの軽いスポンジ。粉糖をかけたり、クリームを添えたりしていただきます。

600㎖（WE-741×2個）

卵白 … 1個分
卵黄 … 1個分
グラニュー糖 … 42g
A（合わせてふるう）
　薄力粉 … 15g
　コーンスターチ … 15g
粉砂糖 … 適宜（あれば）
ワッフルシュガー
　… 適宜（あれば）

❶WECKの内側に溶かした無塩バター（分量外）を刷毛で塗る。オーブンを180℃に予熱する。
❷卵白にグラニュー糖を少しずつ加えながら、ハンドミキサーで泡立て、つややかなきめの詰まったメレンゲを作る。
❸別のボウルに卵黄を入れて溶きほぐし、②のメレンゲをひとすくい加え、泡立て器でよく混ぜる。
❹③を②に加え、ゴムべらでざっくり混ぜる。
❺Aを加え、手早く混ぜる。
❻WECKに等分に（半分の高さまで）流し入れ、ワッフルシュガーを散らす。オーブンで25分焼く。
❼焼き上がったらすぐに生地を取り出し、網の上などで冷ます。
❽生地を上下半分に切る。丸口金でオレンジクリームを下の生地に絞り出し、上の生地をのせて、表面に粉糖をふる。

🍲 **PRESERVE**
ビスキュイを保存する場合は、蓋をして5分煮沸する。

⚠ **POINT**
ビスキュイは蒸気で湿気ってしまうので、焼き上がったらすぐに取り出すこと。長時間の煮沸はNG。

オレンジクリーム

素朴なビスキュイ生地に合う、華やかな香りのクリーム。

作りやすい分量

バニラビーンズ … ¼本
オレンジジュース … 100㎖
グラニュー糖 … 30g
卵黄 … 1個分
コーンスターチ … 12g
無塩バター（室温に戻す）
　… 50g

❶バニラビーンズは縦に切れ目を入れ、さやから種をしごく。鍋にオレンジジュースとバニラビーンズのさや、グラニュー糖の半量（15g）を加え、沸騰直前まで温める。
❷ボウルに卵黄を入れて溶きほぐし、残りのグラニュー糖（15g）とバニラビーンズの種を加え、泡立て器でよくすり混ぜる。
❸コーンスターチを②に加え、さらにすり混ぜる。
❹①のジュースを③に少しずつ加え、混ぜる。
❺目の細かいザルなどで④を漉しながら、鍋に戻す。
❻再び中火にかけて、とろみがつくまで混ぜながら加熱する。器に入れて表面にぴったりとラップをし、完全に冷ます。
❼冷えて固まったクリームを泡立て器で混ぜてほぐし、無塩バターを加える。空気をたくさん含ませながら混ぜ、ふんわりなめらかに仕上げる。

ボネ

イタリアに古くからあるチョコレート風味のココアプリン。

600㎖（WE-741×2個）

アマレッティ
　（袋に入れて砕く）… 60g
ココアパウダー（ふるう）… 12g
ラム酒 … 大さじ1
A ┌ グラニュー糖 … 60g
　└ 水 … 大さじ1
B ┌ 牛乳 … 250㎖
　│ バニラビーンズ
　└ （縦に切れ目を入れる）… ½本
C ┌ グラニュー糖 … 75g
　│ 卵黄 … 1個分
　└ 卵 … 2個

❶ オーブンを180℃に予熱する。
❷ 鍋にAを入れ中火にかけ、苦味のきいたキャラメルを作る。WECKの底に等分に流し入れ、冷ます。
❸ 別の鍋にBを入れ、中火にかけて煮立たせ、室温に冷ましておく。
❹ ボウルにCを入れて混ぜ、アマレッティ、ココアパウダー、ラム酒を加え、泡立て器でよく混ぜる。
❺ バニラビーンズのさやを取り出し、③を④に少しずつ加えながらさらに混ぜ、②に等分に入れる。
❻ 湯を張った天板に並べ、湯煎しながらオーブンで30分焼く。粗熱がとれたら冷蔵庫で冷やす。

PRESERVE
保存する場合は、蓋をして10分煮沸する。

POINT
アマレッティはイタリアのメレンゲ菓子のこと。ココアパウダーは、フランスのヴァローナ社のものが香り高くおすすめ。

About WECK®

100年を超える歴史の中で、
さまざまなかたちが生まれたWECK。
新たなニーズに応え、
現在もバリエーションは増え続けています。
28もの種類の中から、
あなたのお気に入りのWECKを
見つけて下さいね。

Gourmet

Code　　　：　WE-750
Capacity　：　250㎖
Price　　　：　¥600

WECKにひとまわり大きなサイズが新登場！
ケーキ型にもぴったりの、使いやすいサイズです。

『WECK COOKING Sweets』に登場するレシピで特におすすめなのは、新登場の「Gourmet」と「Delikatessen」。WECKシリーズ初、直径「XL」サイズの「Gourmet」は、浅型でケーキやプリンの焼き型に最適。普段づかいしやすいかたちです。2サイズ揃う「Delikatessen」は、手に馴染みやすい特徴的なフォルムで中身を美しく演出、ギフトにもおすすめのシリーズです。

 NEW

Delikatessen

Code	:	WE-995	WE-996
Capacity	:	180㎖	330㎖
Price	:	¥450	¥550

シロップの保存やドリンク用グラスとして、
華やかで個性的にテーブルを彩るニュータイプ。

WECK® キャニスターリスト

大家族ならば大きめサイズ、焼き型には平たいもの、プレゼントには小ぶりの瓶を…。
いろんな形があるので、保存食はもちろん、調味料入れや器など様々な用途に対応します。

（※価格は税抜き表示です）

Mold Shape

Code	WE-755	WE-080	WE-761	WE-760	WE-900	WE-976	WE-740	WE-741	WE-742	WE-743
Capacity	50㎖	80㎖	120㎖	145㎖	250㎖	140㎖	230㎖	300㎖	500㎖	750㎖
Price	¥300	¥320	¥350	¥350	¥400	¥370	¥400	¥450	¥550	¥650

Gourmet

Code	WE-750
Capacity	250㎖
Price	¥600

Tulip Shape

Code	WE-762	WE-744	WE-745	WE-738	WE-739
Capacity	200㎖	500㎖	1000㎖	1500㎖	2700㎖
Price	¥350	¥500	¥650	¥1,200	¥1,500

Delikatessen

Code	:	WE-995	WE-996
Capacity	:	180㎖	330㎖
Price	:	¥450	¥550

Deco Shape

Code	:	WE-902	WE-901	WE-748
Capacity	:	200㎖	500㎖	1000㎖
Price	:	¥350	¥550	¥700

Juice Jar

Code	:	WE-763	WE-764	WE-766
Capacity	:	290㎖	500㎖	1000㎖
Price	:	¥450	¥550	¥700

Straight

Code	:	WE-975	WE-905	WE-908	WE-974
Capacity	:	340㎖	600㎖	1000㎖	1550㎖
Price	:	¥450	¥500	¥700	¥900

Options

プラスチックカバー
Code ： L / WE-005
　　　：M / WE-006
　　　：S / WE-007
Price ：L¥150、M¥130、
　　　S¥120 / 1個

ゴムパッキン
Code ： XL / WE-022
　　　：L / WE-001
　　　：M / WE-002
　　　：S / WE-003
Price ：¥30 / 1個

シリコンパッキン
Code ：WE-021
Price ：¥100
※Sサイズのみ

ステンレスクリップ
Code ：WE-004
Price ：¥50 / 1個

グラスリフター
Code ：WE-017
Price ：¥2,800

ジョウゴ
Code ：WE-018
Price ：¥2,000
※Lサイズ専用

ステッカー
Code ：WE-019
Price ：¥480 / 10片

著者　冷水希三子／中川たま／青山有紀／久保田由希
撮影　有賀傑
スタイリング　伊藤まさこ
取材・文　藤井志織
イラスト　Noritake
ブックデザイン　藤田康平（Barber）

◎協力　WECK輸入代理店 マークスインターナショナル
www.marcs.co.jp
WECKについてのお問い合わせ：
tel.03-6861-4511
info@marcs.co.jp

◎食材提供　お菓子とパンの材料専門店「cuoca」
www.cuoca.com
tel.0120-863-639
自由が丘本店　他5店舗

WECK COOKING Sweets
2015年11月30日　初版第1刷発行

発行人　今出 央
編集人　稲盛有紀子
発行所　株式会社京阪神エルマガジン社
　　　　〒550-8575　大阪市西区江戸堀1-10-8
　　　　tel.06-6446-7718（販売）
　　　　〒104-0061　東京都中央区銀座1-7-17
　　　　tel.03-6273-7720（編集）
　　　　www.Lmagazine.jp

印刷・製本　図書印刷株式会社
ISBN 978-4-87435-488-9　C0077
乱丁・落丁本はお取り替えいたします。
本書記事、写真、イラストの無断転載・複製を禁じます。
©2015　Lmagazine Co.Ltd. All rights reserved, Printed in Japan
©The WECK strawberry logo and the words "WECK" are registered trademark of J. WECK GmbH & Co.